35 Recetas de Cocina para Diabéticos:

La manera más deliciosa de estar saludable

Escrito Por

Joseph Correa

Nutricionista Deportivo Certificado

DERECHOS DE AUTOR

© 2016 Finibi Inc

Reservados todos los derechos

Reproducción o traducción parcial de alguna parte de esta obra más allá de la permitida por la sección 107 o 108 de la Ley de Derechos de Autor de los Estados Unidos, 1976, sin el consentimiento de los derechos de autor del propietario es ilegal.

Esta publicación está diseñada para proporcionar información precisa y fidedigna respecto al tema en cuestión.

Esta obra se vende con el entendimiento de que ni el autor ni el editor se dedica a prestar asesoramiento médico. Si necesita asesoramiento o asistencia médica consulte con su doctor personal. Éste libro es considerado una guía y no debería ser utilizado de ninguna manera que pueda afectar su salud.

Consulte con su médico antes de empezar éste plan nutricional para asegurase de que es indicado para su salud.

AGRADECIMIENTOS

La realización y éxito de este libro no hubiera sido posible sin la motivación y apoyo de toda mi familia.

35 Recetas de Cocina para Diabéticos:

La manera más deliciosa de estar saludable

Escrito Por

Joseph Correa

Nutricionista Deportivo Certificado

TABLA DE CONTENIDO

Derechos de Autor

Agradecimientos

Sobre el Autor

Introducción

¿Qué es la Diabetes?

¿Cómo usted controla la diabetes?

¿Qué debería comer?

Calendario

35 Recetas de Cocina para Diabéticos: La manera más deliciosa de estar saludable

Otros magníficos títulos escritos por este autor

SOBRE EL AUTOR

Como nutricionista deportivo certificado, honestamente creo en el efecto positivo que una apropiada nutrición puede tener sobre el cuerpo y la mente. Mi conocimiento y experiencia me han ayudado a vivir más saludable a través de los años lo cual he compartido con mi familia y amigos. Cuanto más sepa acerca de comer y beber más saludable, más pronto usted querrá cambiar su vida y sus hábitos alimenticios.

La nutrición es una parte clave en el proceso de ser saludable y vivir más tiempo entonces empiece hoy.

INTRODUCCION

35 Recetas de Cocina para Diabéticos: La manera más deliciosa de estar saludable lo ayudará a controlar sus niveles de glucosa en sangre natural y efectivamente. No se trata de sustituir las comidas sino de complementar sus comidas normales en el día a día.

Estar muy ocupado para comer bien puede a veces convertirse en un problema y es por eso que este libro le ahorrara tiempo y le ayudará a alimentar su cuerpo para lograr los objetivos que usted quiere.

 Este libro le ayudará a:

-Controlar los niveles de glucosa en sangre.

-Mejorar su metabolismo.

-Tener más energía.

-Mejorar su sistema digestivo.

Joseph Correa es un nutricionista deportivo certificado y deportista profesional.

¿QUE EL LA DIABETES?

La diabetes es una enfermedad metabólica en el cual una persona tiene altos niveles de glucosa en sangre también conocido como azúcar en sangre. La glucosa es una de las sustancias más importantes que las células usan para producir energía, pero para que la glucosa entre en estas células, 2 condiciones son requeridas: las células deben tener 'puertas' llamadas receptores y una hormona llamada insulina debe estar disponible para 'desbloquear' estos receptores. Una falta de los receptores o de la insulina dará lugar a un acumulamiento de glucosa en el torrente sanguíneo con un efecto negativo en su salud.

Dependiendo de cuál parte del metabolismo es la que está fallando, hay 2 tipos de diabetes. La diabetes tipo 1 se produce cuando las células productoras de insulina en el páncreas son destruidas lo que conduce a altos niveles de azúcar en la sangre. La diabetes tipo 2 ocurre hay suficiente insulina pero no hay suficientes receptores en las células que permitan entrar a la glucosa en consecuencia causando un incremento del azúcar en sangre.

¿COMO USTED CONTROLA LA DIABETES?

Un aspecto importante en el manejo de esta enfermedad es una dieta sana y equilibrada.

El azúcar en sangre puede ser controlado exitosamente prestando atención a que come y cuanto come igualmente manteniendo un óptimo peso.

Mientras que las personas con diabetes tipo 1 necesitan insulina, en casos de diagnóstico temprano de la diabetes tipo 2, una dieta y cambio en el estilo de vida pueden controlar los niveles de azúcar en sangre tan bien que la medicación no es necesitada.

Entonces veamos que recomendaciones en la dieta usted debería tener:

1. Consuma comida variada. Todos los grupos de alimentos deberían ser incluidos en un plan de dieta saludable.
2. Consuma la cantidad de comida que su cuerpo necesita. Este se refiere tanto a comer menos o mucho más, enfocándonos en el último, ya que el aumento de peso es lo más serio para la diabetes.
3. Come muchos vegetales, granos y frutas. Las plantas son ricas en minerales y vitaminas además que son libres de colesterol.

4.   Lleva una dieta baja en grasas saturadas y colesterol.

5.   Consume alimentos y bebidas como dulces, postres sodas y alcohol en moderación. (o mejor aún, absténgase completamente si usted puede).

QUE DEBERIA COMER?

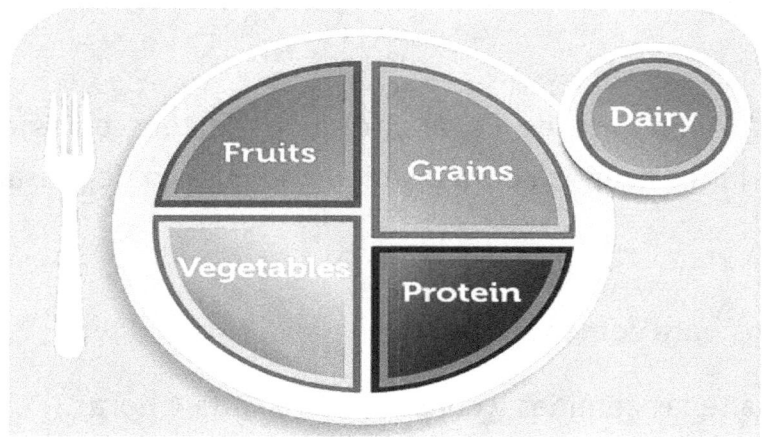

Este plato es una guía para comer saludablemente y le ayudara a que usted escoja la mejor comida para una dieta balanceada.

Vegetales: Coma gran variedad de vegetales para obtener todos los nutrientes que su cuerpo requiere. Concéntrese en frijoles y guisantes secos, verduras de color verde oscuro y naranja.

Granos: Coma mayormente granos completos, ya que estos son menos procesados y más nutritivos. Opte por arroz integral, trigo, avena, cebada y cereales.

Frutas: Coma gran variedad de frutas, y asegúrese de evitar los jugos de frutas exprimidos. Estos son más altos en carbohidratos y bajos en fibra.

Proteína: La mejor fuente de proteína son las carnes magras, aves de corral, pescado, frijoles, huevos, nueces y semillas.

Lácteos: Asegúrese de llevar productos lácteos bajos en grasa o libres de grasa para disminuir su ingesta de grasa.

Consejos para comer saludable:

No se salte las comidas y consuma algo cada 4 horas.

Fíjese en los tamaños de la porción y la ingesta de carbohidratos. Escoja alimentos que son bajos en grasas saturadas, colesterol y sodio.

Cocine sus alimentos en casa y controle lo que lleva a su organismo.

Intente las siguientes recetas como se convierte su alimentación en rica y saludable.

CALENDARIO

Semana 1

Día 1:

Muffins de huevo y vegetales

Merienda: Manzana y mantequilla de maní

Sopa de Pollo

Merienda: Copa de palomitas de maíz

Coliflor asado

Día 2:

Avena con frutos y almendras

Merienda: Crema de vegetales

Pavo asado y verduras

Merienda: Tomates cherry con queso Cottage

Pepino y ensalada de arándano

Día 3:

Batido de melocotón

Merienda: Frutos secos con nueces

Palillos de pollo y tomates

Merienda: Jamón y Piña

Plato de quínoa con vegetales

Día 4:

Huevos revueltos

Merienda: Batido

Salmón escalfado con espárragos

Merienda: Pera y Queso

Tomates asados

Día 5:

Pancakes de Arándanos azules

Merienda: Yogurt griego con fresas

Sopa de almejas

Merienda: Zanahorias con Aderezo Ranchero

Tofu para la Cena

Día 6:

Yogurt *de Frutas*

Merienda: Tostadas de centeno

Ensalada mexicana de pollo

Merienda: Pepino y salsa ranchera

Lasaña de verduras

Día 7:

Wrap de salmón ahumado

Merienda: Parfait *con Frutas*

Carne con salsa de jengibre sofrita

Merienda: Frijoles de soya asados

Ensalada de berenjena y rúcula

Semana 2

Día 1:

Fritada

Merienda: Tomates con queso Cottage

Albahaca y pollo con tomate

Merienda: Crema de vegetales

Hamburguesa en pan pita

Día 2:

Sándwich de vegetales

Merienda: vaso de Palomitas de maíz

Carne de cerdo al curry

Merienda: Manzana y mantequilla de maní

Sopa De Garbanzos

Día 3:

Desayuno Risotto con huevos

Merienda: Pera y Queso

Salmón horneado y verduras

Merienda: Batido de fruta

Puré de guisantes y alcachofa

Día 4:

Tofu en trocitos

Merienda: Nueces y frutos secos

Ensalada de carne

Merienda: Jamón y Piña

Ensalada de aguacate y toronja

Día 5:

Avena con frutos y almendras

Merienda: Tostadas de centeno

Camarón con ajo y espinacas

Merienda: Pepino y salsa ranchera

Ensalada de verduras a la parrilla

Día 6:

Tortilla rápida de huevo

Merienda: Yogurt griego con fresas

Sopa de Pollo

Zanahorias con Aderezo Ranchero

Quinoa con verduras

Día 7:

Pancakes de arándanos azules

Merienda: Frijoles de soya asados

Carne en salsa de jengibre sofrita

Merienda: Parfait con Frutas

Ensalada de pepino y arándano

Semana 3

Día 1:

Batido de Melocotón

Merienda: Manzana y mantequilla de maní

Ensalada mexicana con pollo

Merienda: Crema de vegetales

Hamburguesa en pan pita

Día 2:

Muffins de huevo y vegetales

Merienda: Vaso de palomitas de maiz

Salmón escalfado con espárragos

Merienda: Tomates con queso Cottage

Coliflor asado

Día 3:

Yogurt de Frutas

Merienda: Nueces y frutos secos

Camarón con ajo y espinacas

Merienda: Batido de frutas

Huevo y Ensalada de rúcula

Día 4:

Fritada

Merienda: Jamón y Piña

Carne de cerdo al curry

Merienda: Zanahorias con Aderezo Ranchero

Puré de guisantes y alcachofa

Día 5:

Tofu en trocitos

Merienda: Pera y Queso

Salmón horneado y verduras

Merienda: Batido de frutas

Tomates asados

Día 6:

Desayuno Risotto con huevos

Merienda: Yogurt griego con fresas

Ensalada de carne

Merienda: Pepino y salsa ranchera

Lasaña de verduras

Día 7:

Sándwich de vegetales

Merienda: Tostadas de centeno

Sopa de Almejas

Merienda: Frijoles de soya asados

Ensalada de Aguacate y toronja

Semana 4

Día 1:

Wraps de salmón ahumado

Merienda: Parfait con Frutas

Pollo con Albahaca y tomate

Merienda: Crema de vegetales

Ensalada de verduras a la parrilla

Día 2:

Pancakes de arándanos azules

Merienda: Copa de palomitas de maíz

Pavo asado y verduras

Merienda: Manzana y mantequilla de maní

Cena con Tofu

Día 3:

Avena con frutos rojos y almendras

Merienda: Tomates con queso Cottage

Piernas de pollo y tomates

Merienda: Jamón y Piña

Sopa de Garbanzo

Día 4:

Tortilla De Huevo

Merienda: Frutos Secos con nueces

Carne con salsa de jengibre sofrita

Merienda: Batido de frutas

Ensalada de pepino y arándano

Día 5:

Yogurt de Frutas

Merienda: Tostadas de centeno

Carne de cerdo al curry

Merienda: Zanahorias con Aderezo Ranchero

Quinua con vegetales

Día 6:

Muffins de huevo y vegetales

Merienda: yogurt griego con Fresas

Salmón escalfado con espárragos

Merienda: Frijoles de soya asados

Coliflor asado

Día 7:

Tofu en trocitos

Merienda: Parfait con Frutas

Sopa de almejas

Merienda: Crema de vegetales

Hamburguesa en pan pita

2 días adicionales para el mes completo

Día 1:

Sandwich de vegetales

Merienda: Nueces con frutos secos

Ensalada mexicana de pollo

Merienda: Pera y Queso

Ensalada de Aguacate y toronja

Día 2:

Fritada

Merienda: Batido de frutas

Ensalada de carne

Merienda: Copa de las palomitas de maíz

Tomates asados

35 RECETAS DE COCINA PARA DIABETICOS

DESAYUNO

1. Muffins de huevo y vegetales

Cocine los huevos en moldes para muffins para un desayuno proporcionalmente nutritivo y original. El bulgur añade una agradable consistencia a este desayuno centrado en el huevo, mientras que las verduras le dan el color y los nutrientes a la mesa.

Ingredientes (4 porciones):

1/3 taza de bulgur

¼ taza de calabacín, picados

¼ de taza de cebolla, picada

1 tomate pequeño, picado

8 huevos, ligeramente batidos

½ taza de queso feta reducida en grasa, desmenuzado

1 cucharada de aceite de oliva

1 cucharadita de orégano fresco

1 cucharadita de romero fresco

1/8 cucharadita de pimienta negra

2/3 de taza de agua

Aerosol antiadherente para cocinar

Tiempo de preparación: 15 minutos

Tiempo de cocción: 40-45 minutos

Preparación:

Precaliente el horno a 180C. Cubra los 12 moldes para muffins con spray antiadherente y colóquelos aparte.

En una cacerola pequeña combine el bulgur y el agua, deje a punto de ebullición, baje el fuego y luego cocine a fuego lento, tapado, hasta que el bulgur esté suave. Escurrir el líquido.

Calentar el aceite en una sartén grande y cocine el calabacín y la cebolla a fuego medio de 5 a 10 minutos, revolviendo ocasionalmente. Retirar del fuego, añadir el bulgur, el tomate, el queso y revuelva. Vierta la mezcla en los moldes para muffins.

En un tazón grande, bata los huevos, el orégano y la pimienta. Verter sobre la mezcla de verduras en los moldes para muffins.

Hornear durante 15 a 18 minutos o hasta que un cuchillo insertado en el centro de los muffins salga limpio. Deje que los panecillos se enfríen en una sartén durante 5 minutos, luego retire con cuidado y sirva tibio.

Valor nutricional por porción: 256kcal, 15g de carbohidratos, (fibra 3g, 2g de azúcar), 15g de grasa (5g saturada), 14g de proteína, 12% de hierro, 14% de vitamina A, 30% de vitamina B2, el 11% de la vitamina B6, el 14% de la vitamina B9 , 22% de vitamina B12.

2. Batido de melocotón

Comience el día con un delicioso y cremoso batido, que le recargara de buena energía y y viene con calcio, necesario para los huesos. Experimente mezclando con más frutas.

Ingredientes (1 porción):

250g de yogurt de melocotón sin grasa con endulzante sin calorías

½ taza de leche descremada

1 taza de duraznos frescos, en rodajas

½ taza de hielo picado

Tiempo de preparación: 5 min

No cocinar

Preparación:

Combine la fruta, la leche y el yogurt en una licuadora. Agregue el hielo, mezcle hasta que esté suave, sírvalo frio.

Valor nutricional por porción: 227kcal, 30g de carbohidratos (1g de fibra, 29g de azúcar), 2g de grasa (2g saturada), 17g de proteína, 70% de calcio, 14% de magnesio, 18% de vitamina A, 13% de vitamina C, 11% de vitamina B1, 42% de vitamina B2, 15% de vitamina B5, 31% de vitamina B12.

3.   Sándwich de vegetales

Pruebe un refrescante desayuno con calabacín y calabaza de verano que le añaden sabor a su comida en la mañana. Estos vegetales bien condimentados cubiertos con mozzarella a la parrilla y pan de trigo son crujientes y deliciosos.

Ingredientes (4 porciones):

½ calabacín mediano, en rodajas largas

½ calabaza de verano mediana, en rodajas largas

1 cebolla roja pequeña, cortada

1 tomate mediano, reducido a la mitad

4 rebanadas medianas de pan de trigo integral

½ taza de queso mozzarella descremado, rallado

Una pizca de Sal

Una pizca de pimienta molida negra

¼ de taza de hojas de albahaca

Aerosol antiadherente para cocinar

Tiempo de preparación: 10 minutos

Tiempo de cocción: 15 minutos

Preparación:

Cubra ligeramente la calabaza de verano, el calabacín, el tomate y la cebolla con aerosol antiadherente para cocinar y luego espolvorea sal y pimienta.

Precaliente una parrilla eléctrica. Ase el calabacín, la calabaza y la cebolla hasta que estén blandos, dándoles la vuelta una vez. A continuación, agregue los tomates y áselos hasta que se calienten y doren ligeramente. Dore las rebanadas de pan por 1 minuto, dando vuelta una vez y luego cubra con el queso y espere 1 minuto.

Corte las verduras como desee, luego cubra las rebanadas de pan con las verduras y hojas de albahaca, servir caliente.

Valor nutricional por porción: 201kcal, 28g de carbohidratos, (4g de fibra, 8g de azúcar), 5g de grasa (2g saturada), 8g de proteína, 10% de calcio, 11% de hierro, 14% de magnesio, 23% de vitamina C, 12% de vitamina K, 13 % de vitamina B1, 13% de vitamina B2, 12% de vitamina B3, 13% de vitamina B6, 14% de vitamina B9.

4. Pancakes de Arándanos azules

Aumente sus niveles de energía con una porción de deliciosos pancakes de arándanos azules. Añada una cucharada de yogurt bajo en grasa y espolvoree un poco de canela como una alternativa a la miel con alto contenido de carbohidratos.

Ingredientes (4 porciones-8 tortitas):

½ taza de harina de trigo sarraceno

½ taza de harina de trigo integral

1 huevo

½ cucharadita de polvo de hornear

¼ de cucharadita de bicarbonato de sodio

1 ¼ taza de suero

¾ taza de arándanos azules frescos

¼ de cucharadita de vainilla

Extracto de stevia líquida

¼ de cucharadita de sal

1 cucharada de Aceite de cocina

Tiempo de preparación: 10 minutos

Tiempo de cocción: 20 minutos

Preparación:

En un tazón, mezcle la harina, el extracto de stevia (al gusto), el polvo de hornear, el bicarbonato de sodio y la sal. Haga un hueco en el centro de la mezcla y déjelo a un lado.

Bata el huevo ligeramente en un tazón pequeño y luego mezcle con la mantequilla, el aceite y la vainilla.

Añada la mezcla de suero de leche a la mezcla de harina, revuelva hasta que se combine y este ligeramente grumosa y agregue los arándanos.

Caliente una sartén ligeramente engrasada a fuego medio y vierta ¼ de taza de la mezcla para cada panqueque. Extienda la masa en un círculo de unos 8 cm de diámetro.

Cocine a fuego medio hasta que los panqueques se doren un poco, dando vuelta para cocinar el otro lado cuando la superficie del panqueque es burbujeante y los bordes son ligeramente secos. Sirva mientras está todavía caliente.

Valor nutricional por porción (2 panqueques): 198kcal, 30g de carbohidratos, (4g de fibra, 6g de azúcar), 6g de grasa, 8g de proteínas, 12% de calcio, 17% de magnesio, 16% de vitamina B2.

5.   Wraps de salmón ahumado

Comience el día con salmón ahumado y asegúrese de que tiene algunos de estos ácidos grasos saludables como el omega-3. El trigo es una gran alternativa como 'panecillo del desayuno ", ya que es más baja en hidratos de carbono y añade un poco de fibra a la mezcla.

Ingredientes (2 porciones):

85 g de salmón ahumado, cortado en tiras

¼ de taza de queso crema

2 * 15 cm de tortillas de harina de trigo integral

½ calabacín pequeño, pelado en cintas

1 cucharadita de cebollin fresco

½ cucharadita de cáscara de limón, finamente rallado

1 cucharadita de jugo de limón

Tiempo de preparación: 10 minutos

No cocinar

Preparación:

En un tazón pequeño, mezcle el queso crema, el jugo de limón, la cáscara y los cebollines hasta que quede suave. Esparza de manera uniforme sobre las 2 tortillas dejando un pequeño espacio alrededor de los bordes.

Divida el salmón entre las tortillas; coloque las cintas de calabacín en la parte superior del salmón.

Enrolle las tortillas y sírvalas cortadas por la mitad.

Valor nutricional por porción: 255kcal, 29g de carbohidratos, (3g de fibra, 4g de azúcar), 8g de grasas (3g de saturadas), 14g de proteínas, 10% de vitamina B3, 27% de vitamina B12.

6.   Tortilla rápida de Huevo

Una tortilla de 5 minutos con bastante vitamina K, éste desayuno es alto en proteínas y bajo en hidratos de carbono, perfecto para llenarlo hasta el almuerzo. Sirva con unos tomates cherry para algo de vitamina C adicional.

Ingredientes (2 porciones):

4 huevos

1 taza de hojas de espinaca bebé frescas

¼ de taza de queso cheddar reducido en grasa, rallado

1 cucharada de perejil de hoja plana

Una pizca de sal

Una pizca de pimienta de cayena

Aerosol antiadherente para cocinar

Tiempo de preparación: 5 min

Tiempo de cocción: 5 min

Preparación:

Rocíe una sartén antiadherente con Aerosol antiadherente para cocinar y caliente a fuego medio.

En un tazón grande, combine los huevos, cebollas, pimienta, sal y bata hasta que quede espumoso.

Vierta la mezcla en la sartén y empiece a batir los huevos suavemente con una espátula de plástico hasta que la mezcla se asemeja a pequeños trozos de huevo cocido rodeado de huevo líquido. Deje de batir y cocine por 30segundos a 1 minuto hasta que los huevos estén listos, pero brillantes.

Espolvorea con el queso, cubra con la espinaca, doble la tortilla y sirva caliente.

Valor nutricional por porción: 185kcal , 2g de carbohidratos, , 11g de grasa (3g saturada), 17g de proteína, 13% de calcio, 12% de hierro, 38% de vitamina A, el 90% de la vitamina K, el 31% de vitamina B2, el 14% de la vitamina B5, 20% vitamina B12.

7. Avena con Frutos rojos y almendras

Bajo en grasa y alta en fibra soluble, la avena es una gran opción de desayuno, ya que ayuda a controlar el apetito y disminuye los niveles de glucosa. Agregue un poco de frambuesas para un sabor más suave y sirva con un vaso de leche descremada para obtener el valor de la mitad de calcio que necesita en un día.

Ingredientes (1 porción):

½ taza de avena cocida

6 almendras, picadas

1 taza de frambuesas

1 taza de Leche descremada

Tiempo de preparación: 5 minutos

No cocinar:

Preparación:

Revuelva las frambuesas y almendras en un tazón de avena cocida caliente. Sirva con un vaso de leche.

Valor nutricional por porción: 256kcal, 44g de carbohidratos, (10g de fibra, 17g de azúcar), 5g de grasa, 13g de proteínas, 56% de calcio, 13% de hierro, 32% de magnesio, 24% de vitamina A, 58% de vitamina C, 20% de vitamina E, 12% de vitamina K, 15% de vitamina B1, 27% de vitamina B2, 11% de vitamina B9, 16% de vitamina B12.

8. Tofu en trocitos

Reemplace el queso con esta opción vegetariana amable y disfrute de la proteína añadida y las grasas saludables que vienen con eso. Disfrute esta delicia vegetariana con ají fresco y empiece el día con el acelerador a fondo.

Ingredientes (1 porción):

225 g de tofu extra firme empacado en agua

½ taza de tomates ciruela, picados

1 diente de ajo, picado

¼ de taza de cebolla, picada

1 ají fresco, sin semillas y picado

1 cucharadita de aceite de oliva

½ cucharadita de chile en polvo

1/8 cucharadita de sal

1 cucharadita de Jugo de limón

¼ de cucharadita de comino molido

¼ de cucharadita de orégano seco

Ramitas de cilantro fresco (opcional)

Tiempo de preparación: 10 minutos

Tiempo de cocción: 10 minutos

Preparación:

Escurrir el tofu, cortarlo por la mitad y seque cada mitad con toallas de papel hasta que esté bien seco. Desmenuzar el tofu en un tazón y déjelo a un lado.

Caliente el aceite de oliva a fuego medio en una sartén grande antiadherente. Añada el pimiento, la cebolla, el ajo y cocine durante 4 minutos. Agregue los condimentos y cocine durante 30 segundos, luego añada el tofu desmenuzado en la mezcla. Baje el fuego, cocine por 5 minutos revolviendo ocasionalmente. Sirva con el jugo de limón, tomates y cilantro fresco.

Valor nutricional por porción: 229kcal, 7g de carbohidratos (1 g de fibra, 4 g de azúcar), 13 g de grasa (1 g saturada), 16 g de proteína, 49% de calcio, 25% de hierro, 27% de magnesio, 12% de vitamina A, 21% de vitamina C, 18% de vitamina K, 11% de vitamina B1, 13% de vitamina B6, 13% de vitamina B9.

9. Yogurt de Frutas

Haga su propio yogurt de frutas con ingredientes frescos y naturales, buena fuente de hidratos de carbono. La piña y vainilla hacen una deliciosa combinación, pero cualquier fruta que te gusta hará el truco.

Ingredientes (2 porciones):

1 taza de yogurt natural bajo en grasa

200 g de piña, macerada

1 taza de fresas frescas, cortadas por la mitad

1 cucharadita de vainilla

Tiempo de preparación: 5 minutos

No cocinar

Preparación:

Mezcle el yogurt, puré de piña y vainilla. Cubra y refrigere por 1 hora (o la noche).

Divida la mitad del yogurt entre 2 tazones, añada las fresas. Cubra con el resto del yogurt y sirva.

Valor nutricional por porción: 160kcal, 27g de carbohidratos, (4g de fibra, 22g de azúcar), 2g de grasa (1 g saturada), 8 g de proteína, 24% de calcio, 10% de magnesio, 156% de vitamina C, 18% de vitamina B2, 10% de la vitamina B5, 11% de vitamina B6, 18% de vitamina B9, 11% de vitamina B12.

10. Desayuno Risotto con huevos

Salga de la monotonía e intente risotto para el desayuno. Un desayuno amigable mediante la sustitución de arroz con avena cortada, este plato tiene sus toques salados de los vegetales salteados y el queso Brie.

Ingredientes (4 porciones):

4 huevos

½ taza de avena cortada

1 ½ tazas de agua

½ taza de pimiento rojo picado

½ taza de champiñones frescos en rodajas

40g de queso brie reducido en grasa, elimine la corteza

1 taza de espinaca fresca, picada

1 cebolla, en rodajas

Una pizca de sal

1/8 taza de albahaca fresca, cortado

Pimienta negra

Aerosol antiadherente para cocinar

Tiempo de preparación: 5 minutos

Tiempo de cocción: 15 minutos

Preparación:

Caliente una sartén antiadherente después del recubrimiento con spray antiadherente. Añada el pimiento y los champiñones y cocine por 5 minutos, revolviendo de vez en cuando. Añada las cebollas, cocine durante 3 minutos y luego retire las verduras y resérvelas.

Añada la avena en la sartén utilizada para cocinar las verduras, mezcle 1 ½ taza de agua caliente en la avena y cocine hasta que se absorba el líquido. Cuando la avena este suave retire la mezcla del fuego, añada el queso, revuelva hasta que se derrita y la mezcla esté bien combinada. Agregue la espinaca y la mezcla de verduras.

Rocíe una sartén antiadherente con aceite en aerosol antiadherente y caliente a fuego medio. Rompa los huevos en la sartén, asegurándose de que se mantienen separados. Reduzca el fuego a bajo, cocine los huevos hasta que las claras estén completamente hechas y las yemas comiencen a espesar. Revise los huevos y cocine por 30 segundos si los prefiere suaves o durante 1 minuto para que estén más duros.

Vierta la mezcla de avena en 4 tazones, encima de cada porción coloque el huevo frito, espolvoree con la pimienta y la albahaca y sirva.

Valor nutricional por porción: 197kcal, 15g de carbohidratos (2 g de fibra, 1 g de azúcar), 8 g de grasa (2 g saturada), 12 g de proteína, 12% de hierro, 12% de magnesio, 10% de vitamina A, 30% de vitamina C, 57% de vitamina K, 14% de vitamina B1, 19% de vitamina B2, 11% de vitamina B5, 14% de vitamina B9, 11% de vitamina B12.

11. Fritada

Esta fritada vegetal que está cargada con claras de huevo, es baja en colesterol y alta en proteína lo que hace que el desayuno sea muy nutritivo. Si lo desea, puede sustituir el queso feta con queso de cabra o queso parmesano.

Ingredientes (2 porciones):

3 huevos

6 claras de huevo

2 tazas de flores de brócoli pequeños

1 taza de tomates cherry, cortados en cuatro

¼ de taza de queso feta

2 cucharadas de chalotas, finamente picadas

¼ de cucharadita de sal y pimienta molida negro

aerosol antiadherente para cocinar

Tiempo de preparación: 10 minutos

Tiempo de cocción: 15-20 minutos

Preparación:

En un tazón mediano, bata las claras de huevo, la sal y pimienta, a continuación, agregue el queso y deje la mezcla a un lado.

Caliente el aceite a fuego medio en una sartén antiadherente y cocine los brócoli y chalotes de 8 a 10 minutos, revolviendo ocasionalmente. Vierta la mezcla de huevo y cocine a fuego medio-bajo hasta que la mezcla se asienta. Usando una espátula, levante los bordes de manera que la porción sin cocer fluye debajo. Cuando se cocinen los huevos agregue los tomates en la parte superior de la mezcla.

Deje reposar por 5 minutos, corte en 4 trozos y sirva.

Valor nutricional por porción: 270kcal, 10g de carbohidratos, (3g de fibra, 4g de azúcar), 12 g de grasa (5 g saturada), 26g de proteína, 19% de calcio, 13% de hierro, 14% de magnesio, 32% de vitamina A, 151% de vitamina C, 123 % de vitamina K, 11% de vitamina B1, 68% de vitamina B2, 20% de vitamina B5, 21% de vitamina B6, 28% de vitamina B9, 23% de vitamina B12.

ALMUERZOS

12. Pavo asado y verduras

Esta combinación asada de vegetales e infusión de hierbas es una gran elección para el almuerzo y le dará delicias a su paladar. Repleto de proteínas y vitamina A, este plato está hecho para satisfacerlo además de ser una comida muy nutritiva.

Ingredientes (2 porciones):

300 g de pechuga de pavo, sin piel

200g de papas rojas pequeñas, cortadas en cuatro

1 taza de zanahorias pequeñas, cortadas en la mitad a lo largo

1 taza de cebolla roja, reducida a la mitad

2 dientes de ajo, picados

1 cucharada de perejil fresco

½ cucharadita de romero fresco

½ cucharadita de tomillo fresco

1 cucharadita de aceite de oliva

¼ de cucharadita de sal

¼ de cucharadita de pimienta negra

Aerosol antiadherente para cocinar

Tiempo de preparación: 10 minutos

Tiempo de cocción: 2 horas

Preparación:

Precaliente el horno a 200C. Combine el romero, el perejil, el ajo, el tomillo, la sal y la pimienta en un tazón pequeño. Ponga a un lado 1 cucharadita de la mezcla de hierbas.

Coloque la pechuga de pavo en una parrilla de asar en un molde para hornear. Cubra ligeramente con aerosol antiadherente para cocinar, espolvoree la mezcla de hierbas restantes uniformemente sobre el pavo y frótelo con los dedos y luego aselo, sin tapar, durante 20 minutos.

Combine las zanahorias, las cebollas y las papas en un recipiente grande y agregue la cucharadita reservada de la mezcla de hierbas, el aceite de oliva y luego sacuda hasta que se recubren las verduras. Arregle las verduras alrededor del pavo en la bandeja para asar.

Reduzca la temperatura del horno a 180 c y ase durante aproximadamente 1 ½ horas o hasta que los jugos salgan claros y el pavo ya no sea de color rosa. Revuelva las verduras una vez.

Transfiera el pavo a una tabla de cortar, a continuación, cubra con papel de aluminio y deje reposar durante 10 minutos. Desmenuce el pavo, divida las piezas y las verduras en 2 platos y sirva.

Valor nutricional por porción: 315kcal, 38g de carbohidratos (5 g de fibra, 14 g de azúcar), 5 g de grasa, 29 g de proteínas, 21% de hierro, 17% de magnesio, 235% de vitamina A, 60% de vitamina C, 14% de vitamina K, 23% de vitamina B1, 34% de vitamina B2, 10% de vitamina B5, 33% de vitamina B6, 15% de vitamina B9.

13. Camarón al ajo en espinacas

Empareja espinacas frescas y camarones al ajo para hacer una comida altamente nutritiva baja en calorías y baja en carbohidratos. El queso parmesano encima es una gran manera de acentuar el sabor de este plato.

Ingredientes (2 porciones):

250g de camarones frescos o congelados en las conchas

4 tazas de espinaca fresca

2 dientes de ajo, picados

½ cucharadita de cáscara de limón, finamente rallada

1 cucharada de aceite de oliva

1 cucharada de queso parmesano, rallado

Una pizca de pimienta molida negra

Tiempo de preparación: 5 minutos

Tiempo de cocción: 10 minutos

Preparación:

Descongele los camarones si son de los congelados. Pele y desvene los camarones. En un tazón pequeño, mezcle los camarones, el ajo, la ralladura de limón, aceite y la pimienta.

Coloque una cesta de vapor en un wok con una tapa de cierre hermético; agregue agua hasta justo debajo de la canasta.

Coloque los camarones en una sola capa en la vaporera, tape y deje a vapor de 5 a 6 minutos a fuego medio-alto. Retire los camarones y manténgalos calientes.

Añada las espinacas en la cesta de vapor y déjelos al vapor durante 2 minutos / hasta que se ablanden.

Divida la espinaca en dos platos, coloque los camarones en la parte superior de la espinaca, espolvoree con queso parmesano y sirva.

Valor nutricional por porción: 220kcal, 3g de carbohidratos (2g de fibra), 9g de grasa (1g saturada), 11g de proteína, 15% de calcio, 26% de hierro, 24% de magnesio, 116% de vitamina A, 32% de vitamina C, 22% de vitamina E , 367% de vitamina K, 13% de vitamina B3, 12% de vitamina B6, 31% de vitamina B9, 25% de vitamina B12.

14. Ensalada de carne

La carne vacuna es una opción de comida que lo satisface ya que está llena de proteínas y en combinación con las verduras hace que sea un almuerzo saludable y colorido. Un chorrito de miel añade dulzura y textura a una ensalada ya de hecho nutritiva.

Ingredientes (4 porciones):

340g de carne de res, flanco

6 tazas de ensalada verde mixta

2 tomates pequeños, cortados en gajos

½ cucharadita de cáscara de limón, finamente rallada

1/3 de taza de Jugo de limón

¼ de taza de cebolla, picada

1 diente de ajo, picado

2 cucharadas de miel

2 cucharadas de aceite de oliva

2 cucharadas de polvo de pectina de fruta

6 cucharadas de agua

Tiempo de preparación: 10 minutos

Tiempo de cocción: 30 minutos

Preparación:

Combine el jugo de limón, la cáscara, 3 cucharadas de agua y el aceite de oliva en una jarra con tapa, luego cubra y agite bien. Vierta la mitad de la mezcla de limón en un tazón, revuelva con la cebolla y el ajo. Ponga la mezcla de jugo restante a un lado.

Corte la carne haciendo cortes diagonales poco profundas en intervalos de 2 cm en forma de diamante, repita en el otro lado, a continuación, coloque la carne en una bolsa de plástico y en un plato poco profundo. Vierta la mezcla de jugo de limón sobre la carne, cierre la bolsa y deje marinar en el refrigerador durante 24 horas, dando vuelta de vez en cuando.

Haga el aderezo agitando gradualmente el agua dentro de la pectina de fruta. Añada la mezcla de jugo de limón y la miel, cubra y refrigere por 24 horas.

Escurra la carne, deseche el adobo y a continuación, coloque la carne sobre la parrilla del asadero sin calentar. Ase al punto de cocción deseado, dando vuelta una vez.

Organice los tomates y la ensalada en 2 platos, agreguen la parte superior las rodajas finas de carne, rocíe con el aderezo y sirva.

Valor nutricional por porción: 252kcal, 14g de carbohidratos, (2g de fibra, 10g de azúcar), 7g de grasa (2g saturada), 18g de proteína, 14% de hierro, 31% de vitamina C, 20% de vitamina B3, 20% de vitamina B6, 25% de vitamina B12 .

15. Piernas de pollo y tomates

Esta inspirada receta Louisiana trae sabor a un pollo bajo en carbohidratos. Los fideos de trigo garantizan una porción saludable de carbohidratos de calidad, mientras que las especias de la salsa caliente le dan sabor a una comida simple.

Ingredientes (2 porciones):

2 piernas de pollo, sin hueso

½ taza de okra cortada y congelada

1 taza de fideos de trigo, pre cocido

1 * 200 g de tomates guisados en lata (sin sal)

½ cucharadita de tomillo seco, molido

1 cucharadita de Salsa picante

Una pizca de sal

Una pizca de pimienta negro

Aerosol antiadherente para cocinar

Tiempo de preparación: 5 minutos

Tiempo de cocción: 40 minutos

Preparación:

Rocíe una sartén antiadherente grande con aceite en aerosol y coloque a fuego medio-alto. Dore el pollo por todos lados durante aproximadamente 6 minutos, revolviendo ocasionalmente. Añada la lata de tomates, el okra, el tomillo, 2/3 de la salsa picante, sal y pimienta, a continuación, lleve a ebullición. Reduzca el fuego, tape y cocine a fuego lento durante 30 minutos.

Coloque el pollo en 2 platos, revuelva la salsa caliente que queda en la sartén y cubra por todas partes. Sirva con fideos.

Valor nutricional por porción: 245kcal, 26g de carbohidratos (5g de fibra, 5g de azúcar), 6g de grasas (2g saturada), 18g de proteína, 16% de hierro, 15% de magnesio, 21% de vitamina C, 23% de vitamina K, 14% de vitamina B1, 14% de vitamina B2, 27% de vitamina B3, 14% de vitamina B5, 16% de vitamina B6, 14% de vitamina B9.

16. Sopa de almejas

Haga una versión más saludable de la sopa de almejas reduciendo de la cantidad de papas y añadiendo un poco de coliflor picada. Usted todavía podrá disfrutar de la riqueza del plato, y algunos nutrientes más sin perder el sabor.

Ingredientes (2 porciones):

1 * 280g de almejas enteras en lata

1 tira de tocino de pavo, cortado a la mitad

1 ½ tazas de leche sin grasa

½ taza de zanahorias, ralladas

½ cebolla mediana, picada

½ tallo de apio, en rodajas finas

1 papa mediana, cortada en trozos de 1 cm

1 taza de coliflor, cortado en trozos de 1 cm

Una pizca de tomillo seco, machacado

Una pizca de pimienta molida negra

1 cucharada de harina multipropósito

Agua

Aerosol antiadherente para cocinar

Tiempo de preparación: 10 minutos

Tiempo de cocción: 25 minutos

Preparación:

Escurra las almejas, reservando el líquido. Pique la mitad de las almejas y las pone a un lado. Agregue suficiente agua al líquido reservado de almeja lo suficiente hasta medir ¾ de taza y deje el líquido a un lado.

Rocíe una sartén con aceite en aerosol y luego caliente a fuego medio. Agregue el tocino, el apio y la cebolla, cocine de 5 a 8 minutos revolviendo ocasionalmente. Retire el tocino de la sartén, escurra con papel de cocina y resérvelo.

Revuelva las papas, la coliflor, la pimienta, el tomillo y el líquido reservado de almeja con la mezcla de cebolla. Llevar a ebullición y luego reducir el fuego, tapar y dejar hervir a fuego lento de 10 a 12 minutos. Retire del fuego y enfrie ligeramente. Pase la mitad de la mezcla de papas a un procesador de alimentos y mezcle hasta que esté suave. Regrese la mezcla de papa restante en la cacerola.

Mezcle la leche y la harina en un tazón mediano, agregar toda la mezcla de papas y luego cocine y revuelva hasta que hierva. Añada las almejas y las zanahorias, deje hervir, reduzca el fuego y cocine por 1 minuto más.

Divida la sopa en 2 tazones y sirva con tocino picado.

Valor nutricional por porción: 178kcal, 28g de carbohidratos, (5g de fibra, 4g de azúcar), grasa 4g (1 g saturada), 6g de proteína, 14% de magnesio, 103% de vitamina A, 82% de vitamina C, 22% de vitamina K, 11% de vitamina B1 , 12% de vitamina B3, 23% de vitamina B6, 16% de vitamina B9, 110% de vitamina B12.

17. Carne de cerdo al curry

Sea creativo y experimente el lado interesante de la carne de cerdo que debe su sabor afrutado al zumo de piña y manzana. Esta comida cargada de proteína tiene la ventaja de estar lista en tan sólo 15 minutos.

Ingredientes (2 porciones):

2 * 170g de chuletas de lomo de cerdo sin hueso

½ taza de jugo de piña sin azúcar

2 tazas de repollo Napa, rallado

½ manzana mediana cocida verde, cortada en gajos

1 cucharada de Cebolla, en rodajas

1 cucharadita de curry en polvo

Una pizca de sal

Una pizca de pimienta molida negro

Tiempo de preparación: 5 minutos

Tiempo de cocción: 10 minutos

Preparación:

Recorte la grasa de las chuletas y colóquelas en una olla a presión. Combine el jugo de piña, la sal, la pimienta y el curry en polvo y viértalo sobre la carne.

Coloque la tapa en su lugar. Lleve la olla hasta 7 kg de presión a fuego alto y luego reduzca el calor lo suficiente para mantener la alta presión. Cocine durante 3 minutos y luego retire la olla del fuego y deje que la presión disminuya naturalmente. Retire con cuidado la tapa y usando una cuchara transfiera las chuletas a un plato, cubra para mantener el calor.

Lleve el líquido a la olla y ponga a hervir, añada la manzana, baje el fuego y cocine a fuego lento sin tapar durante 3 minutos, revolviendo de vez en cuando. Añada la coliflor y la cebolla verde, cocine de 1 a 2 minutos y usando una cuchara ranurada, transfiera la mezcla de verduras al plato con la carne de cerdo. Vierta el líquido sobre las chuletas y la mezcla manzana y sirva.

Valor nutricional por porción: 300kcal, 17g de carbohidratos (2g de fibra, 11g de azúcar), 6g de grasas (1g saturada), 39g de proteína, 13% de magnesio, 26% de vitamina A, 94% de vitamina C, 61% de vitamina B1, 22% de vitamina B2 , 60% de vitamina B3, 12% de vitamina B5, 68% de vitamina B6, 14% de vitamina B12.

18.   Salmón y verduras Horneadas

Obtén un almuerzo bajo en carbohidratos y alto en proteínas con poco esfuerzo. Simplemente cocina los filetes de salmón entre los vegetales sabrosos y rodajas de naranja dulce y disfruta de una comida altamente nutritiva.

Ingredientes (2 porciones):

200 g de salmón fresco o congelado sin piel

1 taza de zanahorias, cortada en rodajas finas

1 taza de champiñones, en rodajas

¼ de taza de cebollines, rebanados

2 dientes de ajo, cortados a la mitad

1 naranja mediana, en rodajas

1 cucharadita de cáscara de naranja, finamente rallada

1 cucharada de aceite de oliva

1 cucharadita de orégano fresco

Una pizca de sal

Una pizca de pimienta negra

Tiempo de preparación: 10 minutos

Tiempo de cocción: 30 minutos

Preparación:

Descongele el salmón, si es congelado, luego enjuáguelo y séquelo con papel de cocina y reserve.

Ponga a hervir un poco de agua y cocine las zanahorias durante 2 minutos, escurra y reservelas.

En un tazón grande, combine las zanahorias, champiñones, cebolla, piel de naranja, orégano, ajo, sal y pimienta y mezcle suavemente.

Divida las verduras entre 2 piezas de papel aluminio, colocándolas en el centro de cada pieza. Coloque el salmón en la parte superior de cada porción de verduras, agregue 1 cucharadita de aceite sobre cada trozo de salmón y espolvoree sal y pimienta adicional. Cubra con las rodajas de naranja y luego cierre los bordes opuestos de papel de aluminio y selle con un doble pliegue. Coloque los paquetes de papel de aluminio en una sola capa en una bandeja para hornear.

Hornee a 180C durante aproximadamente 30 minutos. Abra cuidadosamente para permitir que el vapor escape y a continuación, sirva en dos platos.

Valor nutricional por porción: 190kcal, 15g de carbohidratos (4g de fibra, 10g de azúcar), 3g de grasa (1g saturada), 22g de proteína, 11% de magnesio, 221% de vitamina A, 69% de vitamina C, 43% de vitamina K, 20% de vitamina B1 , 16% de vitamina B2, 46% de vitamina B3, 15% vitamina B5, 19% de vitamina B6, 12% de vitamina B9, 50% de vitamina B12.

19. Ensalada mexicana de pollo

Disfrute de una comida llena de vitaminas y proteínas que tarda sólo 15 minutos en hacer. Añada especias a las pechugas de pollo a la parrilla y combine con naranja y aguacate para un giro refrescante.

Ingredientes (2 porciones):

2 * 120g trozos de pechuga de pollo

2 tazas de lechuga romana, rallado

½ aguacate, rebanado

1 naranja, rodajas

25g de queso Monterey Jack, rallado

½ cucharadita de chile en polvo

¼ de cucharadita de orégano seco

¼ de cucharadita de tomillo seco

1 cucharada de jugo de naranja

1 cucharadita de aceite de oliva

1 cucharadita de Vinagre de vino

½ cucharadita de miel

Una pizca de sal

Una pizca de pimienta molida negra

Tiempo de preparación: 5 minutos

Tiempo de cocción: 10 minutos

Preparación:

Coloque el pollo entre 2 piezas de plástico cada uno. Macere el pollo con la paleta hasta que la carne sea de 1 cm de grosor y quite la envoltura de plástico.

Precaliente el asador del horno. En un tazón pequeño, mezcle el orégano, el tomillo, el chile en polvo, la sal y la pimienta negra. Espolvoree y frote la mezcla de especias de manera uniforme sobre las piezas de pollo.

Coloque el pollo en la parrilla y ase a una distancia de 5 a 7 cm del fuego, de 6 a 8 minutos, dándoles vuelta una vez en la mitad del tiempo de asar. Retire y corte el pollo.

Mezcle el jugo de naranja, el vinagre y la miel en un tazón mediano. Añada lechuga y revuelva para cubrir.

Divida la lechuga en dos platos, la parte superior con las rebanadas de pollo, aguacate y naranja en rodajas, espolvoree con el queso y sirva.

Valor nutricional por porción: 330kcal, 18g de carbohidratos, (6g de fibra, 11g de azúcar), 13 g de grasa (3g saturada), 32g de proteína, 10% de hierro, 15% de magnesio, 86% de vitamina A, 87% de vitamina C, 74% de vitamina K, 14% de vitamina B1, 13% de vitamina B2, 72% de vitamina B3, 19% de vitamina B5, 42% de vitamina B6, 32% de vitamina B9.

20. Carne en salsa de jengibre sofrita

Añada un toque de color a este plato con alto contenido de proteínas y saltéelo con una porción abundante de verduras. El arroz integral es una excelente opción para una buena dosis de hidratos de carbono de calidad.

Ingredientes (2 porciones):

200 g de solomillo de ternera "bistec" sin hueso

1 taza de arroz integral cocido caliente

½ taza de caldo de pollo bajo en sodio

1 diente de ajo, picado

1 pimiento rojo mediano, cortado en tiras

1 taza de flores de brócoli

½ cebolla mediana, en rodajas

1 cucharadita de fécula de maíz

½ cucharadita de cilantro molido

1 cucharadita de aceite de sésamo

Tiempo de preparación: 10 minutos

Tiempo de cocción: 10 minutos

Preparación:

Rebane finamente la carne en tiras del tamaño de un bocado y luego deje a un lado.

Mezcle el caldo de pollo, la maicena, el jengibre, el cilantro y reserve.

Caliente el aceite de sésamo a fuego medio en un wok, añada la cebolla y cocine por 2 minutos, agregue el brócoli y la pimienta dulce, cocine y revuelva de 1 a 2 minutos y luego retire las verduras del wok.

Añada las tiras de carne al wok, cocine de 2 a 3 minutos y luego empuje la carne al centro del wok.

Añada la salsa en el centro del wok, cocine hasta que espese y se formen burbujas luego regrese las verduras al wok. Asegúrese de cubrir todos los ingredientes con la salsa. Cocine y revuelva de 1 a 2 minutos más y sirva inmediatamente con arroz integral.

Valor nutricional por porción: 368kcal, 31g de carbohidratos, (4g de fibra, 3g de azúcar), 16g de grasa (5g saturada), 26g de proteína, 14% de hierro, 20% de magnesio, 10% de vitamina A, 150% de vitamina C, 66% de vitamina K, 15% de vitamina B1, 12% de vitamina B2, 40% de vitamina B3, 12% de vitamina B5, 14% de vitamina B9, 18% de vitamina B12.

21.   Pollo con Albahaca y tomate

Reponga su cuerpo de vitaminas con una rica porción de espinaca que es una hermosa adición a esta pechuga de pollo con infusión de albahaca. Espolvoree con un poco de queso parmesano para un toque extra de sabor.

Ingredientes (2 porciones):

200g de filetes de pechuga de pollo

1 * 200g de tomates en lata, cortados en cubitos y drenados

4 tazas de espinaca fresca

1 cucharada de queso parmesano, rallado

1/8 taza de albahaca fresca

Una pizca de sal

Una pizca de pimienta molida negro

Aerosol antiadherente para cocinar

Tiempo de preparación: 10 minutos

Tiempo de cocción: 8 minutos

Preparación:

Corte las pechugas grandes por la mitad, longitudinalmente. Cubra la sartén con spray antiadherente, cocine y revuelva el pollo durante unos 5 minutos. Espolvoree con sal y pimienta.

Agregue los tomates y la albahaca, cocine bien y luego agregue la espinaca, déjelas hasta que se ablanden.

Divida entre 2 platos, espolvoree con el queso y sirva.

Valor nutricional por porción: 161kcal, 8g de carbohidratos (3g de fibra, 4g de azúcar), 1g de grasa, 22g de proteínas, 13% de calcio, 21% de hierro, 22% de magnesio, 115% de vitamina A, 43% de vitamina C, 11% de vitamina E, 365% de vitamina K, 12% de vitamina B1, 13% de vitamina B2, 60% de vitamina B3, 34% de vitamina B6, 32% de vitamina B9.

22. Salmón escalfado con espárragos y perejil

Pruebe la delicia de un salmón con un método de cocción rápida que permite a los alimentos absorber el sabor sin la grasa. El aderezo de mantequilla de cítricos es una gran opción para el acompañar el pescado, mientras que una pizca extra de perejil le dará al plato un sabor más refrescante.

Ingredientes (2 porciones):

2 * 100g filetes de salmón sin piel fresca

220g de Espárragos, con la base leñosa removida

Jugo de naranja de 1 naranja

Jugo de limón de ½ limón

1 cucharadita de cáscara de limón rallado

1 cucharadita de mantequilla derretida

1 cucharada de perejil fresco

Una pizca de sal

Una pizca de pimienta

½ taza de agua

Tiempo de preparación: 5 minutos

Tiempo de cocción: 10 minutos

Preparación:

Enjuague el pescado y seque con toallas de papel. Combine el limón y zumos de naranja, reserve 1/8 de taza para el aderezo.

Vierta el jugo restante en una sartén, agregue agua y lleve a ebullición. Agregue el salmón, reduzca el fuego a medio y cocine a fuego lento, tapado, durante 4 minutos. Coloca los espárragos en la parte superior del salmón y cocine a fuego lento de 4-8 minutos o hasta que el pescado comienza a formar escamas, probándolos con un tenedor, los espárragos deben ser crujientes.

Combine el resto del jugo, el perejil, la ralladura de limón, la mantequilla, la sal y la pimienta en un tazón.

Rocíe la mezcla de aderezo sobre el salmón y los espárragos, sirva.

Valor nutricional por porción: 182kcal, 9g de carbohidratos, (2g de fibra, 5g de azúcar), 5g de grasa (2g saturada), 21 g de proteína, 16% de hierro, 10% de magnesio, 19% de vitamina A, 52% de vitamina K, 23% de vitamina B1, 13% de vitamina B2, 41% de vitamina B3, 11% de vitamina B5, 16% de vitamina B6, 17% de vitamina B9, 50% de vitamina B12.

23. Sopa de Pollo

Agregue un poco de textura extra y sabor a esta sopa de pollo saludable con un toque de cebada. Alta en proteínas y baja en carbohidratos, esta comida es una opción perfecta para balancear su consumo de carbohidratos al día.

Ingredientes (3 porciones):

400 g de pechuga de pollo sin hueso, cortado en trozos pequeños

200g de papas, en cubos

½ taza de champiñones, picados

½ taza de zanahorias, picadas

¼ de taza de cebolla, picada

¼ de taza de pimiento verde picado

2 dientes de ajo

1 cucharadita de albahaca fresca

1 cucharadita de perejil fresco

½ cucharadita de condimento para aves

¼ de taza de cebada pre cocida

1 cucharada de aceite de oliva

1 cucharada de gránulos de caldo de pollo

Una pizca de pimienta molida negra

Una pizca de sal

Tiempo de preparación: 10 minutos

Tiempo de cocción: 25 minutos

Preparación:

Mezcle los trozos de pollo con el condimento para aves y reserve.

Caliente la mitad del aceite de oliva en una olla profunda, añada las zanahorias, los champiñones, la cebolla, el pimiento, el ajo, la pimienta negra y la sal y cocine durante 10 minutos, revolviendo ocasionalmente. Retire las verduras de la olla y reservelas.

Añada el aceite de oliva restante a la olla, a fuego medio, agregue el pollo y cocine por unos 5 minutos. Vuelva a poner las verduras en la olla, revuelva con el caldo de pollo y lleve a ebullición. Revuelva las patatas y la cebada, vuelva a punto de ebullición y reduzca el calor. Tape y cocine a fuego lento hasta que las papas estén tiernas (unos 15 minutos). Agregue el perejil y la albahaca fresca, sirva en 4 tazones.

Valor nutricional por porción: 255kcal, 16g de carbohidratos (2g de fibra, 2g de azúcar), 6g de grasa, 32g de proteínas, 15% de magnesio, 80% de vitamina A, 29% de vitamina C, 81% de vitamina B3, 22% de vitamina B5, 50% de vitamina B6.

CENA

24. Coliflor asado

Fácil de hacer, con pocos ingredientes, esta receta lo va a satisfacer y es baja en carbohidratos. Dele un poco de sabor agregando cebolla roja y cilantro para hacer un plato repleto de vitamina C.

Ingredientes (2 porciones):

1 coliflor mediana (alrededor de 575g), cortada en flores

2 cebollas rojas medianas, cortadas en gajos gruesos

1 cucharadita de cilantro molido

2 cucharadas de aceite de oliva

Un puñado de cilantro fresco, para servir

Una pizca de sal

Una pizca de pimienta

Tiempo de preparación: 5 minutos

Tiempo de cocción: 25 minutos

Preparación:

Calentar el horno a 200C. Mezcle la coliflor, la cebolla roja, el cilantro y el aceite de oliva junto con un poco de sal y pimienta en recipiente para horno. Hornee durante 25 minutos, revolviendo ocasionalmente hasta que las verduras comiencen a dorarse.

Servir con cilantro fresco.

Valor nutricional por porción: 235kcal, 25g de carbohidratos (9g de fibra, 12g de azúcar), 14g de grasa (2g saturada), 6g de proteínas, 236% de vitamina C, 63% de vitamina K, 14% de vitamina B1, 12% de vitamina B2, 19% de vitamina B5, 38% de vitamina B6, 46% de vitamina B9.

25. Lasaña de verduras

Pruebe una lasaña sabrosa reducida en calorías mediante la sustitución de la carne por las verduras, por lo que es una opción perfecta para la cena. Usted puede reducir el consumo de calorías aún más mediante el uso de salsa de pasta ligera.

Ingredientes (8 porciones):

6 placas de lasaña de trigo

1 tomate mediano, picado

2 calabacines medianos, reducido a la mitad a lo largo y en rodajas

2 tazas de champiñones frescos en rodajas

1 cebolla pequeña, picada

1 taza de queso ricota ligero

3 cucharadas de queso parmesano, rallado finamente

1 taza de queso mozzarella parcialmente descremada, rallado

2 tazas de salsa de pasta

¼ de taza de perejil fresco, cortado con tijeras

¼ de cucharadita de pimienta negra

1 cucharada de aceite de oliva

Tiempo de preparación: 15 minutos

Tiempo de cocción: 40 minutos

Preparación:

Cocine las placas de lasaña de acuerdo a las instrucciones en el paquete, escurra y enjuague con agua fría.

Caliente el aceite en una sartén antiadherente, añada los champiñones, la calabaza y la cebolla y cocine a fuego medio-por alrededor de 5 minutos. Retire del fuego y reserve. En un tazón pequeño, mezcle el queso parmesano, el queso ricotta, el perejil y la pimienta.

Arme la lasaña colocando 3 placas de lasaña en el fondo de un molde para hornear y recorte para que se ajusten en caso necesario. Esparza media cucharada de la mezcla de queso sobre la pasta, cubra con la mitad de la mezcla de verduras, la mitad de la salsa y la mitad del queso mozzarella. Cubra con las placas restantes, el resto del queso, la mezcla de vegetales y salsa.

Caliente el horno a 190C. Hornee durante 30 minutos y luego retire el molde del horno, espolvoree con el tomate y el queso mozzarella restante luego hornee durante otros 5 minutos.

Deje que la lasaña repose durante 10 minutos y luego sirva.

Valor nutricional por porción: 251kcal, 31g de carbohidratos (3g de fibra, 9g de azúcar), 9g de grasa (4g saturada), 14g de proteína, 23% de calcio, 15% de magnesio, 17% de vitamina A, 21% de vitamina C, 17% de vitamina K, 12% de vitamina B1, 15% de vitamina B2, 23% de vitamina B3, 16% de vitamina B6, 11% de vitamina B9.

26. Ensalada de berenjena y rúcula

Prepare una berenjena con un poco de rúcula y uvas pasas para hacer una ensalada muy saludable que es fácil de digerir. Añada un toque de color mediante la adición de algunos arándanos secos a la mezcla.

Ingredientes (2 porciones):

1 berenjena mediana, cortada en trozos pequeños

25 g de rúcula

2 cajas pequeñas de pasas (unos 14g por caja)

1 cucharada de vinagre balsámico

1 ½ cucharada de aceite de oliva

Una pizca de sal

Una pizca de pimienta

Tiempo de preparación: 10 minutos

Tiempo de cocción: 30 minutos

Preparación:

Caliente el horno a 200C. Mezcle la berenjena con 2/3 de aceite de oliva y condimento en un molde para hornear y ase durante 30 minutos.

Cuando esté cocido, mezcle con las uvas pasas, el vinagre y el aceite restante. Esparza sobre la rúcula y sirva.

Valor nutricional por porción: 207kcal, 29g de carbohidratos (10 g de fibra, 14 g de azúcar), 10 g de grasa (1 g saturada), 4g de proteína, 11% de magnesio, 16% de vitamina C, 11% de vitamina E, 39% de vitamina K, 10% de vitamina B1 , 10% de vitamina B3, 13% de vitamina B6, 13% de vitamina B9.

27. Tomates asados

Consigue una buena dosis de nutrientes con esta cena saludable vegetariana, que combina los sabrosos tomates con migas de pan crujientes y un aderezo de ajo con infusión de hierbas. No te olvides del queso parmesano para un sabor sensacional.

Ingredientes (2 porciones):

4 tomates maduros, corta a la mitad en sentido transversal

2 rebanadas de pan de trigo, convertido en migajas

4 dientes de ajo, picados

4 cucharadas de queso parmesano, rallado

2 cucharadas de vinagre balsámico

2 cucharadas de aceite de oliva

1 cucharada de albahaca seca, triturada

1 cucharadita de orégano seco, macerado

½ cucharadita de romero seco, macerado

¼ de cucharadita de sal

Aerosol antiadherente para cocinar

Tiempo de preparación: 10 minutos

Tiempo de cocción: 1h 10 minutos

Preparación:

Cubra una olla de cocción lenta con el aceite en aerosol. Coloque los tomates, el lado cortado hacia arriba. Combine el vinagre, el aceite de oliva, el ajo, el orégano, el romero, la albahaca y la sal en un tazón pequeño y luego vierta de manera uniforme sobre los tomates.

Tape y cocine a alta temperatura durante 1 hora.

Caliente una sartén antiadherente mediana a fuego medio-, añada las migas de pan y cocine de 2 a 3 minutos hasta que se doren ligeramente mientras se agita constantemente. Retire del fuego y agregue el queso parmesano.

Retire los tomates de la olla y póngalos en un plato. Rocíe el líquido cocinado de manera uniforme sobre los tomates y espolvoree con la mezcla de miga de pan. Deje reposar por 10 minutos y luego sirva.

Valor nutricional por porción: 335kcal, 34g de carbohidratos (5g de fibra, 8g de azúcar), 18g de grasa (4g saturada), 10g de proteína, 16% de calcio, 12% de hierro, 15% de magnesio, 40% de vitamina A, 52% de vitamina C,

18 % de vitamina E, 39% de vitamina K, 15% de vitamina B1, 10% de vitamina B2, 16% de vitamina B3, 15% de vitamina B6, 17% de vitamina B9.

28. Hamburguesa en pan pita

Opte por una menor cantidad de calorías con esta hamburguesa basada en garbanzo que es a la vez saludable y abundante. Sirva con una guarnición de salsa de tomate y ensalada verde y añada una dosis abundante de vitamina C en su dieta.

Ingredientes (2 porciones):

200g de garbanzos en lata, enjuagados y escurridos

1 diente de ajo, picado

1 cebolla roja pequeña, picada

½ cucharadita de comino molido

½ cucharadita de cilantro molido

¼ de cucharadita de chile en polvo

1 cucharada de harina de trigo integral

Un puñado de perejil

1 cucharada de aceite de oliva

Una pizca de sal

100 g de salsa de tomate

2 tazas de ensalada verde

1 pequeño pan de pita de trigo entero, cortado en 2 piezas

Tiempo de preparación: 10 minutos

Tiempo de cocción: 6 minutos

Preparación:

Seque los garbanzos con papel de cocina. Viértalos en un procesador de alimentos junto con el ajo, la cebolla, el perejil, las especias, la harina y la sal. Mezcle hasta que suavice después dele forma de 2 empanadas.

Caliente el aceite en una sartén antiadherente, añada las empanadas y fría rápidamente durante 3 minutos por cada lado.

Sirva con la salsa de tomate, ensalada verde y pitas tostadas.

Valor nutricional por porción: 274kcal, 42g de carbohidratos (7g de fibra, 4g de azúcar), 1g de grasa, 8g de proteína, 12% de hierro, 12% de magnesio, 18% de vitamina A, 31% de vitamina C, 28% de vitamina B6, 20% de vitamina B9.

29. Pepino y ensalada de arándano

Disfrute de un plato de hojas de verdes con jugosos tomates cherry, arándanos secos dulces y aceitunas maduras que añaden color, sabor y una cantidad de vitaminas bienvenidas a su comida. Haga su propia mezcla de especias y guarde en un recipiente hermético hasta por 6 meses.

Ingredientes (2 porciones):

3 tazas de ensalada verde mixta

1 taza de espinacas frescas

1 taza de tomates cherry, cortados a la mitad

1 pepino mediano, picado

2 cucharadas de aceite de oliva

2 cucharadas de jugo de limón

2 cucharadas de agua

1 ¼ cucharaditas de mezcla de especias hecho en casa

Mezcla de especias hecho en casa:

½ cucharadita de comino molido

½ cucharadita de cilantro molido

½ cucharadita de pimentón

¼ de cucharadita de cúrcuma molida

¼ de cucharadita de ajo en polvo

1/8 cucharadita de pimienta de cayena

Tiempo de preparación: 20 minutos

No cocinar

Preparación:

En un tazón grande, combine los vegetales, las espinacas, los tomates, el pepino, los arándanos y las aceitunas.

En una jarra con tapa, mezcle el aceite de oliva, el agua, los condimentos y el jugo de limón y agite bien.

Vierta el aderezo sobre la mezcla de verduras, revuelva para cubrir, divida entre 2 tazones y sirva.

Valor nutricional por porción: 212kcal, 19g de carbohidratos (3g de fibra, 10g de azúcar), 16g de grasa (2g saturada), 2g de proteínas, 11% de hierro, 31% de vitamina A, 35% de vitamina C, 12% de vitamina E, 132% de vitamina K, 10% de vitamina B9.

30. Quinoa con vegetales

Pruebe una cena vegetariana baja en calorías que cuenta con una alta cantidad de vitamina A. La quinua y la calabaza trabajan bien juntos, mientras que las almendras crujientes añaden algunas grasas saludables a su comida.

Ingredientes (2 porciones):

2 tazas de calabaza, pelada y en cubos

1 taza de quinua cocida

3 dientes de ajo, picados

1/8 taza de almendras en rodajas

1 cucharada de aceite de oliva

1/8 de cucharadita de Pimiento rojo, aplastado

1 cucharadita de salvia fresca, cortada

¼ de cucharadita de sal

Tiempo de preparación: 10 minutos

Tiempo de cocción: 30 minutos

Preparación:

Precaliente el horno a 220C. Combine la calabaza, el ajo, el pimiento rojo y la mitad del aceite de oliva en un tazón grande. Revuelva hasta que la calabaza recubra de manera uniforme el molde para hornear y ponga a asar durante 30 minutos. Revuelva una vez y agregue las almendras los últimos 5 minutos de cocción.

En un tazón grande, combine la quinua, el aceite de oliva restante, la salvia y la sal, a continuación, añada la calabaza y las almendras. Mezcle todos los ingredientes y sirva.

Valor nutricional por porción: 287kcal, 43g de carbohidratos (3g de fibra, 4g de azúcar), 12g de grasa (1g saturada), 7g de proteínas, 10% de calcio, 15% de hierro, 34% de magnesio, 457% de vitamina A, 52g de vitamina C, 29% de vitamina E, 17% de vitamina B1, 11% de vitamina B2, 13% de vitamina B3, 18% de vitamina B6, 20% de vitamina B9.

31. Ensalada de aguacate y toronja

Esta es una ensalada baja en carbohidratos pero llena de vitaminas, el aguacate y la toronja son una mezcla perfecta de sabor cítrico y textura cremosa. Deliciosa y alta en grasas saludables, el aguacate es una gran manera de agregar sabor a cualquier ensalada.

Ingredientes (2 porciones):

4 tazas de espinaca fresca

1 toronja, seccionada

½ aguacate, rebanado

1 cucharada de aceite de oliva

1 cucharada de vinagre de frambuesa

1 cucharadita de agua

½ cucharadita de azúcar morena

Una pizca de sal

Tiempo de preparación: 5 minutos

No cocinar

Preparación:

Organizar las espinacas, la toronja y las rebanadas de aguacate en un plato de servir.

Mezcle el vinagre de frambuesa, el aceite de oliva, el agua, el azúcar y la sal en un tazón pequeño.

Rocíe el aderezo sobre la mezcla de espinacas y sirva.

Valor nutricional por porción: 209kcal, 19g de carbohidratos (5g de fibra, 8g de azúcar), 14g de grasa (2g saturada), 4g de proteína, 12% de hierro, 18% de magnesio, 141% de vitamina A, 102% de vitamina C, 111% de vitamina E, 380% de vitamina K, 10% de vitamina A, 11% de vitamina B2, 10% de vitamina B5, 15% de vitamina B6, 44% de vitamina B9.

32. Sopa garbanzo

Añada una pizca de hojas de perejil fresco a esta deliciosa sopa de sabores marroquíes con base en vegetales y carbohidratos saludables. Esta sopa baja en calorías es una gran opción para la comida del final del día.

Ingredientes (2 porciones):

200g de garbanzos en lata, enjuagados y escurridos

200 g de tomates en lata, picados

1 diente de ajo, picado

½ cebolla mediana, picada

1 tallo de apio mediano, picado

50g de habas congeladas

300 ml de caldo de verduras caliente

1 cucharadita de comino molido

¼ de Jugo y ralladura de un limón

Una pizca de pimienta molida negra

Una pizca de sal

Tiempo de preparación: 20 minutos

Tiempo de cocción: 25 minutos

Preparación:

Caliente el aceite en una cacerola y luego fría el apio, la cebolla y el ajo durante 10 minutos, revolviendo con frecuencia. Añada el comino y fría durante otro minuto.

Baje el fuego, agregue el caldo, los tomates, los garbanzos y la pimienta negra y cocine a fuego lento durante 8 minutos. Agregue el jugo de limón y las habas y cocine por otros 2 minutos. Añada la sal, luego cubra con la ralladura de limón y sirva.

Valor nutricional por porción: 181kcal, 36g de carbohidratos (6g de fibra, 5g de azúcar), 1g de grasa, 8g de proteína, 16% de hierro, 13% de magnesio, 25% de vitamina C, 10% de vitamina K, 28% de vitamina B6, 27% de vitamina B9 .

33. Ensalada de verduras a la parrilla

Pruebe una cena ligera con alto contenido de fibra y llena de vitaminas que combina diferentes tipos de verduras y hace un uso perfecto de su parrilla. Sirva con un poco de mozzarella para un sabor más fuerte y picante.

Ingredientes (2 porciones):

1 berenjena, cortada en rodajas de 1 cm

2 cebollas, en rodajas de ½ cm de espesor, pero manteniendo la rodaja entera

6 tomates secos en aceite, escurridos y cortados en tiras

6 aceitunas negras

2 pimientos rojos

1 diente de ajo, machacado

1 chile rojo, finamente picado

2 cucharadas de aceite de oliva

1 cucharada de vinagre de vino

Un puñado de albahaca, cortado en pedacitos

Tiempo de preparación: 20 minutos

Tiempo de cocción: 1 hora

Preparación:

Dore los pimientos en una parrilla caliente y luego póngalos en un tazón, cubra y deje enfriar.

Mezcle el aceite, el vinagre, el ajo y el chile en un tazón. En una parrilla caliente, dore la berenjena y la cebolla en rodajas hasta que tengan marcas de la parrilla por ambos lados y comienzan a ablandarse. Cuando las verduras estén listas, colóquelas dentro de la salsa para marinar, rompiendo las cebollas en anillos.

Cuando los pimientos estén lo suficientemente fríos para manejar, pélelos y quíteles el tallo y las semillas. Corte en tiras y ponga en el recipiente con el resto de las verduras marinadas. Mezcle los tomates, las aceitunas y la albahaca, sazone al gusto y sirva.

Valor nutricional por porción: 285kcal, 33g de carbohidratos (12g de fibra, 15g de azúcar), 14g de grasa (2g saturada), 4g de proteínas, 18% de magnesio, 79% de vitamina A, 290% de vitamina C, 22% de vitamina E, 28% de vitamina K , 13% de vitamina B1, 16% de vitamina B2, 17% de vitamina B3, 11% de vitamina B5, 33% de vitamina B6, 31% de vitamina B9.

34. Tofu para la cena

Una comida amistosa vegetariana con una buena cantidad de minerales y proteínas, esta cena sobresale en la mezcla de sabores dulces y picantes. Sirva con una guarnición de coliflor al vapor para agregar más vitaminas a la mezcla.

Ingredientes (4 porciones):

800 g de tofu

½ taza de salsa de soya

2 cucharadas de aceite de sésamo

1 cucharada de aceite de oliva

1 cucharada de hojuelas de chile

4 dientes de ajo, picados

1 cucharada de jengibre, rallado

Sal, al gusto

Tiempo de preparación: 5 minutos

Tiempo de cocción: 15 minutos

Preparación:

Mezcle la salsa de soja, el aceite de sésamo, el jengibre, las hojuelas de chile y la sal en un tazón y reserve.

Vierta el aceite de oliva en una sartén, caliente y luego fría el tofu durante unos 10 minutos.

Vierta la salsa en la sartén y cocine de 3-5 minutos. Sirva cuando la salsa haya espesado y el tofu está hecho.

Valor nutricional por porción: 185kcal, 4g de carbohidratos, (2g de fibra, 2g de azúcar), 15g de grasa (3g saturada), 18g de proteínas, 34% de calcio, 19% de hierro, 19% de magnesio, 11% de vitamina B2, el 11% de vitamina B6.

35. Puré de Guisantes y alcachofas

Pruebe una comida fresca que tarda sólo 15 minutos en hacer y es baja en calorías y carbohidratos. Servida fría, hace una maravillosa adición a una dieta de verano y anima a su mesa con un bonito toque de verde.

Ingredientes (2 porciones):

100g de corazón de la alcachofa,

140g de guisantes pequeños congelados

1 cucharada de comino molido

2 cucharadas de jugo de limón

2 cucharadas de aceite de oliva

Un pequeño puñado de hojas de menta

Una pizca de sal

Una pizca de pimienta

Tiempo de preparación: 10 minutos

Tiempo de cocción: 5 minutos

Preparación:

Lance los guisantes en una olla y cubra con agua hirviendo. Deje durante 5 minutos, escurra y viértalos en un procesador de alimentos con el resto de los ingredientes y condimentos. Prenda la maquina hasta que se haga un puré, después páselos a un tazón y cubra con papel film. Sirva cuando se haya enfriado.

Valor nutricional por porción: 198kcal, 15g de carbohidratos (7g de fibra, 3g de azúcar), 14g de grasa (2g saturada), 4g de proteína, 12% de magnesio, 30% de vitamina A, 22% de vitamina C, 34% de vitamina K, 15% de vitamina B1 , 18% de vitamina B9.

SNACKS

1. Manzana y mantequilla de maní

Rebane 1 manzana pequeña y esparza 1 cucharada de mantequilla de maní cremosa en las piezas.

Valor nutricional: 189kcal, 4g de proteínas, 28g de carbohidratos (5g de fibra, 20g de azúcar), 8g de grasa (1g saturada), 14% de vitamina C, 14% de vitamina B3.

2. Yogurt griego con fresas

Mezcle 150g de Yogurt Griego con 5 fresas medianas cortadas en mitad.

Valor nutricional: 150kcal, 11g de proteína, 10g de carbohidratos (10g de azúcar), 8g de grasa (5g saturada), 10% calcio, 60% de vitamina C.

3. Vaso de Palomitas de maíz

Valor nutricional: 31kcal, 1g de proteína, 6g de carbohidratos (1g de fibra).

4. Batido de frutas

En una licuadora, mezcle ½ taza de arándanos, 1 taza de hojas de espinaca, ½ taza de yogurt griego bajo en grasa y ½ taza de agua de coco con sabor a piña.

Valor nutricional: 168kcal, 24g carbohidratos (3g de fibra, 8g de azúcar), 17g de proteína, 23% de calcio, 57% de vitamina A, 73% de vitamina C, 199% de vitamina K, 16% de vitamina 9.

5. Nueces y frutos secos

Combine ½ vaso de cereal con nueces, 2 cucharadas de uvas pasas y 12 almendras.

Valor nutricional por porción: 222kcal, 35g de carbohidratos (4g de fibra, 15g de azúcar), 9g de grasa, 2g de proteína, 10% de magnesio, 18% de vitamina E.

6. Pepino y salsa ranchera

Rodaje un vaso de pepino y cubra con salsa ranchera.

Valor nutricional: 89kcal, 5g de carbohidratos (2g de azúcar), 8g de grasa (1g saturada), 45% de vitamina K.

7. Jamón y piña

Corte 30 g de jamón de pavo en tiras largas bien delgadas y dóblelas en forma de acordeón. Haga unas brochetas con las lonchas de jamón dobladas y pedazos de piña (3/4 de vaso).

Valor nutricional: 100kcal, 15g de carbohidratos (2g de fibra, 13g de azúcar), 2g de grasa, 5g de proteína, 95% de vitamina C.

8. Parfait de frutas

Haga capas con ¼ de taza de granola con ¼ de taza de arándanos, ¼ de taza de frambuesas y ¼ de taza de queso cottage sin grasa.

Valor nutricional: 204kcal, 29g de carbohidratos (2g de fibra, 12g de azúcar), 3g de grasa, 9g de proteína, 44% de vitamina C, 10% de vitamina K.

9. Tostadas de centeno

Esparza 2 cucharadas de queso crema ligera en 2 tostadas de centeno y en la parte superior coloque ¼ de taza de pepino en rodajas.

Valor nutricional: 138kcal, 35g de carbohidratos (6g de fibra, 2g de azúcar), 8g de grasa (2g saturada), 4g de proteína.

10. Crema de vegetales

Sumerja verduras frescas cortadas (1 taza de pimiento verde / brócoli / apio / coliflor) en 1/3 de taza de puré de garbanzos.

Valor nutricional: 141kcal, 12g de carbohidratos (5g de fibra), 8g de grasa (1g saturada), 6g de proteína, 11% de vitamina A, 15% de magnesio, 11% de vitamina C, 78% de vitamina K, 10% de vitamina B10, 17% de vitamina B9.

11. Zanahorias con aderezo ranchero

Sumerja 10 zanahorias pequeñas en dos cucharadas de aderezo ranchero.

Valor nutricional: 181kcal, 10g de carbohidratos (3g de fibra, 6g de azúcar), 16g de grasa (2g saturada), 1g de proteína, 276% de vitamina A, 58% de vitamina K.

12. Pera y queso

Corte una pequeña pera y sirva con un palo de queso ligero.

Valor nutricional: 146kcal, 26g de carbohidratos (5g de fibra, 15g de azúcar), 3g de grasa (2g saturada), 7g de proteína, 10% de vitamina C.

13. Frijoles de soya asados

Valor nutricional por 20g: 155kcal, 11g de carbohidratos (2g de fibra), 7g de grasa (1g saturada), 11g de proteína.

14. Tomates cherry con Cottage Cheese

Corte 5 tomates cherry por la mitad y unte con 2 cucharadas de queso cottage mezclado con eneldo fresco y una pizca de sal.

Valor nutricional: 58kcal, 4g de proteína, 10g de carbohidratos, 30% de vitamina A, 40% de vitamina C,

20% de vitamina K, 10% de vitamina B1, 10% de vitamina B6, 10% de vitamina B9.

OTROS MAGNÍFICOS TÍTULOS ESCRITOS POR ESTE AUTOR

35 Recetas para Bajar tu Presión Arterial

Por Joseph Correa

50 Jugos para Adelgazar

Por Joseph Correa

50 Batidos de Fisicoculturismo para Aumentar la Masa Muscular

Por Joseph Correa

www.ingramcontent.com/pod-product-compliance
Lightning Source LLC
Chambersburg PA
CBHW070152080526
44586CB00015B/1949